AF303376

COLLECTION
L'HISTOIRE POUR TOUS

YVES LAROUTEAU

Histoire de la Rome antique

Synthèse historique

Hésiode éditions

65 rue d'Alger - 13005 Marseille.

ISBN 978-2-38512-255-3

Dépôt légal : Janvier 2025

service-editorial@hesiode-editions.com

Impression Libri Plureos GmbH

Friedensallee 273

22763 Hambourg, Allemagne

SOMMAIRE

• Institutions politiques et gouvernance...................... 9

• L'armée et l'expansion territoriale........................... 15

• Société et hiérarchies sociales............................. 23

• Religion et mythologie...................................... 29

• Architecture, ingénierie et urbanisme...................... 35

• Droit romain et administration.............................. 41

• Culture, arts et littérature................................. 47

INSTITUTIONS POLITIQUES
ET GOUVERNANCE

L'histoire des institutions politiques de la Rome antique s'étend sur plus d'un millénaire, depuis les débuts légendaires de la monarchie jusqu'à la chute de l'Empire romain. Elle est marquée par une évolution constante, témoignant de la capacité de Rome à adapter ses structures de pouvoir à des contextes changeants et à des défis croissants. De la monarchie à la République, puis à l'Empire, les institutions politiques romaines ont façonné la vie de la cité et influencé durablement l'histoire de la gouvernance.

<u>La Monarchie (753-509 av. J.-C.)</u>

À l'origine, Rome était une monarchie, selon la tradition fondée en 753 av. J.-C. par Romulus, son premier roi. Cette période, bien que mal documentée et largement teintée de légendes, présente les bases de l'organisation politique romaine. Les rois, appelés rex, exerçaient un pouvoir absolu qui englobait plusieurs dimensions : politique, militaire, judiciaire et religieuse. Ils étaient les protecteurs et les guides de la cité, garants de la stabilité et de la prospérité. Ce pouvoir royal était cependant encadré par deux institutions : le Sénat et les comices curiates. Le Sénat, composé de chefs des grandes familles aristocratiques, jouait un rôle consultatif, tandis que les comices curiates, une assemblée populaire, validaient certaines décisions importantes, comme l'élection des rois.

Le dernier roi, Tarquin le Superbe, fut renversé en 509 av. J.-C. en raison de sa gouvernance autoritaire et des abus de pouvoir de la monarchie. Cet événement marqua la fin de la monarchie et l'avènement de la République, un régime qui aspirait à répartir le pouvoir entre plusieurs institutions pour éviter les dérives autocratiques.

<u>La République (509-27 av. J.-C.)</u>

La République romaine, fondée sur une idéologie d'équilibre et de collaboration entre les institutions, établit un système complexe de gouvernance. Le pouvoir était partagé entre les magistratures, le Sénat et les assemblées populaires, chaque institution ayant des responsabilités et des limites précises. Cette période est souvent considérée comme l'âge d'or des institutions romaines.

Les magistratures étaient occupées par des citoyens élus pour un mandat limité, garantissant une rotation des responsabilités et évitant la concentration du pouvoir. Les magistrats les plus importants étaient les consuls, au nombre de deux, qui se partageaient le pouvoir exécutif, présidaient le Sénat et commandaient les armées. D'autres magistratures incluaient les préteurs (responsables des affaires judiciaires), les édiles (chargés de l'administration urbaine) et les questeurs (gestionnaires des finances publiques). Chaque magistrature était accompagnée d'un système de checks and balances, notamment avec l'institution des tribuns de la plèbe, créés pour défendre les droits des citoyens plébéiens face aux abus des élites patriciennes.

Le Sénat jouait un rôle central dans la République, bien qu'il ne fût pas une assemblée élue. Composé principalement d'anciens magistrats issus de l'aristocratie, il conseillait les magistrats en exercice et orientait les politiques publiques. Sa grande influence reposait sur son prestige et sur l'expérience politique de ses membres. Il intervenait notamment dans les affaires étrangères, la gestion des finances et l'organisation des provinces.

Les assemblées populaires (comices) permettaient aux citoyens de participer aux décisions politiques. Différentes assemblées avaient des fonctions spécifiques : les comices centuriates élisaient les magistrats supérieurs et votaient les lois, tandis que les comices tributes géraient des questions locales et élisaient les magistrats inférieurs. Malgré leur rôle démocratique apparent, les assemblées étaient dominées par les élites, car le système de vote favorisait les classes les plus riches.

La République fut également marquée par des luttes sociales intenses entre les patriciens, l'aristocratie, et les plébéiens, la majorité du peuple. Ces conflits conduisirent à des réformes majeures, comme la publication de la Loi des Douze Tables au Ve siècle av. J.-C., garantissant une certaine égalité juridique, et la création de la magistrature des tribuns de la plèbe, dotés d'un droit de veto sur les décisions des magistrats. Ces avancées témoignent d'une volonté de concilier les tensions sociales tout en préservant la stabilité du système.

Cependant, à mesure que Rome s'étendait territorialement, la République entra en crise. L'accroissement des richesses et des disparités sociales, les rivalités entre généraux ambitieux et les dysfonctionnements des institutions conduisirent à une concentration progressive des pouvoirs. Cette évolution culmina avec la montée de Jules César, dont l'assassinat en 44 av. J.-C. marqua la fin de la République.

L'Empire (27 av. J.-C. - 476 ap. J.-C.)

En 27 av. J.-C., Octavien, neveu de Jules César, prit le titre d'Auguste et inaugura l'Empire, un régime qui concentra le pouvoir entre les mains d'un seul homme. Bien que les institutions républicaines fussent maintenues en apparence, leur rôle devint largement symbolique, car l'empereur contrôlait tous les aspects de la gouvernance. L'empereur était à la fois chef d'État, commandant en chef des armées et pontifex maximus, garantissant son autorité sur les sphères politiques, militaires et religieuses.

Le Sénat, bien qu'officiellement maintenu, perdit progressivement son influence, devenant une institution essentiellement honorifique. Le véritable pouvoir résidait désormais dans l'administration impériale, composée de fonctionnaires et de conseillers nommés directement par l'empereur. Cette bureaucratie permit de gérer efficacement un immense territoire, réparti en provinces sénatoriales et impériales, ces dernières étant sous le contrôle direct de l'empereur.

L'Empire permit une stabilisation durable du territoire romain, notamment grâce à des réformes administratives et fiscales qui renforcèrent le contrôle centralisé. Toutefois, il accentua également la distance entre les citoyens et le pouvoir. Les crises économiques, les pressions extérieures et les luttes de succession fragilisèrent peu à peu le système impérial, conduisant à la chute de l'Empire d'Occident en 476 ap. J.-C.

Conclusion

L'évolution des institutions politiques romaines, de la monarchie à l'Empire, témoigne d'une recherche constante d'équilibre entre stabilité et adaptation. Chaque période a contribué à développer des mécanismes de gouvernance uniques, allant de la collégialité républicaine à la centralisation impériale. Cet héritage a profondément influencé les systèmes politiques modernes, notamment à travers la persistance de certaines idées fondatrices, comme la séparation des pouvoirs, le droit écrit et l'importance des assemblées représentatives. Rome, en tant que modèle de gouvernance, demeure une source d'inspiration majeure dans l'histoire de la civilisation.

L'ARMÉE ET
L'EXPANSION TERRITORIALE

L'histoire de la Rome antique est indissociable de son armée, véritable pilier de sa puissance et de son expansion. Des premières guerres de survie aux vastes campagnes de conquête, l'armée romaine a non seulement conquis un immense empire, mais elle a également joué un rôle crucial dans l'unification culturelle et politique des territoires. Sa discipline, son organisation et ses innovations tactiques ont permis à Rome de s'imposer face à des adversaires redoutables et de maintenir son hégémonie pendant des siècles.

<u>Les débuts de l'armée romaine : la phase défensive</u>

Aux origines de Rome, pendant la période monarchique et les débuts de la République, l'armée romaine avait principalement une vocation défensive. Les premiers soldats étaient des citoyens-soldats, membres de la classe des propriétaires terriens, qui se mobilisaient en temps de guerre pour protéger la cité. Ces troupes, organisées en fonction de la richesse des citoyens, étaient regroupées dans des formations appelées légions, mais elles restaient rudimentaires et peu professionnelles.

Cette armée défensive évolua rapidement avec l'expansion progressive de Rome dans le Latium et l'affrontement avec ses voisins, comme les Étrusques, les Sabins et les Samnites. À ce stade, les guerres servaient principalement à protéger les frontières, acquérir de nouvelles terres agricoles et assurer la survie économique de la cité. L'évolution de l'armée suivit celle de la République : en se structurant davantage, elle devint un outil d'expansion.

La professionnalisation de l'armée et l'expansion républicaine

À partir du IVe siècle av. J.-C., l'armée romaine connut une transformation majeure, notamment après les Guerres Samnites. Les légions romaines devinrent des unités mieux entraînées et plus flexibles, capables de s'adapter à différents types de conflits. Cette période marqua le début de la phase d'expansion agressive de Rome, avec des guerres visant à dominer l'Italie centrale et méridionale, puis à s'opposer à des puissances extérieures comme Carthage.

La discipline rigoureuse imposée aux légionnaires et les innovations tactiques, comme la manœuvre en manipules (unités plus petites et maniables que les phalanges grecques), donnèrent à Rome un avantage décisif sur ses ennemis. Les victoires lors des Guerres Puniques (264-146 av. J.-C.) contre Carthage furent un tournant. Elles permirent à Rome de s'imposer comme une puissance méditerranéenne, avec le contrôle de vastes territoires comme la Sicile, l'Hispanie et l'Afrique du Nord.

L'armée romaine ne se contentait pas de conquérir des terres ; elle était également un instrument de romanisation. Les soldats, souvent installés dans des colonies militaires après leur service, jouaient un rôle de relais culturel et économique. Les routes construites pour faciliter les déplacements des troupes devinrent des axes de commerce et d'échanges culturels, renforçant l'intégration des territoires conquis.

L'armée impériale : un outil de domination et de stabilisation

Avec l'avènement de l'Empire en 27 av. J.-C., sous Auguste, l'armée romaine entra dans une phase de professionnalisation totale. Les soldats, désormais recrutés parmi les classes les plus modestes et souvent originaires des provinces, étaient engagés pour des périodes longues (environ 20 ans) et recevaient une solde régulière, ainsi qu'une terre ou une pension à la fin de leur service. Cette armée permanente et bien organisée devint l'instrument principal de la domination impériale.

L'Empire romain atteignit son apogée territorial au IIe siècle ap. J.-C., sous Trajan, avec des frontières s'étendant de l'Écosse au désert de Syrie, et de l'Atlantique au Danube et à la mer Rouge. Cette expansion ne fut possible que grâce à la logistique impressionnante de l'armée romaine, capable de déplacer rapidement des troupes sur de longues distances et de construire des infrastructures militaires (forts, routes, ponts) pour sécuriser les territoires.

L'armée n'était pas seulement un outil de conquête, mais aussi de stabilisation. Les légionnaires étaient stationnés dans les provinces pour défendre les frontières (le limes) et dissuader les rébellions. Ils jouaient également un rôle dans l'administration locale, la perception des impôts et le maintien de l'ordre public. Par leur présence, les soldats contribuaient à la diffusion de la culture romaine, en introduisant les coutumes, la langue latine et les pratiques religieuses romaines dans les provinces les plus éloignées.

<u>La romanisation des territoires conquis</u>

L'expansion militaire de Rome allait de pair avec un processus de romanisation des territoires conquis. La fondation de colonies militaires, souvent peuplées de vétérans, servait à ancrer la domination romaine dans ces régions. Ces colonies devenaient des centres de diffusion de la culture romaine, avec la construction de forums, de thermes, de temples et de théâtres. Les élites locales, souvent cooptées par Rome, adoptaient les modes de vie et les institutions romaines, assurant une intégration durable des populations.

Les routes romaines, construites pour faciliter le déplacement des troupes, devinrent des artères vitales pour le commerce et les échanges culturels. Elles contribuèrent à unifier l'Empire, en permettant une communication rapide entre les différentes provinces et Rome. Cette infrastructure impressionnante, associée à la paix relative imposée par l'armée, favorisa une prospérité économique durable.

<u>Déclin de l'armée et de l'expansion</u>

Au IIIe siècle ap. J.-C., l'armée romaine commença à montrer des signes de déclin. Les crises économiques, les luttes internes pour le pouvoir et la pression croissante des peuples barbares affaiblirent sa capacité à défendre les frontières et à maintenir l'ordre dans l'Empire. La dépendance accrue à des mercenaires et à des troupes auxiliaires réduisit la discipline et la cohésion des légions.

Malgré des tentatives de réformes, notamment sous Dioclétien et Constantin, l'armée ne parvint pas à enrayer le déclin de l'Empire. La chute de l'Empire romain d'Occident en 476 ap. J.-C. fut en grande partie due à l'incapacité de l'armée à contenir les invasions barbares et à maintenir l'unité de l'Empire.

<u>Conclusion</u>

L'armée romaine, par sa discipline, son organisation et ses innovations tactiques, fut l'un des moteurs principaux de l'expansion territoriale de Rome. Plus qu'un simple instrument de conquête, elle joua un rôle clé dans la romanisation des territoires, en diffusant la culture et les institutions romaines à travers un vaste empire. Cependant, la dépendance excessive à cette armée et son affaiblissement progressif contribuèrent à la chute de l'Empire. L'héritage de l'armée romaine perdure néanmoins, tant dans les techniques militaires que dans l'influence culturelle et politique qu'elle a exercée sur les civilisations ultérieures.

SOCIÉTÉ
ET HIÉRARCHIE SOCIALE

La société romaine était une structure profondément hiérarchisée et inégalitaire, divisée en plusieurs classes sociales qui déterminaient les droits, les devoirs et le statut de chaque individu. Cette organisation rigide, fondée sur des distinctions légales, économiques et culturelles, constituait le socle de la vie politique, économique et privée de la Rome antique. La famille, l'organisation patriarcale et le système de clientèle étaient des éléments centraux qui assuraient la cohésion sociale et le maintien de l'ordre.

<u>Les grandes classes sociales : une hiérarchie stricte</u>

La société romaine reposait sur une stratification sociale claire, avec des distinctions marquées entre les différentes catégories de citoyens et non-citoyens.

Les patriciens formaient l'aristocratie romaine, un groupe de familles anciennes et influentes qui, aux débuts de la République, détenaient presque tous les pouvoirs politiques et religieux. Héritiers d'une tradition privilégiée, ils possédaient d'immenses richesses foncières et jouissaient d'un prestige considérable. Leur domination fut néanmoins contestée par les plébéiens, une classe bien plus nombreuse mais initialement exclue des magistratures et de nombreux droits.

Les plébéiens représentaient la majorité de la population romaine. Ils comprenaient des artisans, des commerçants, des petits propriétaires terriens et, plus tard, des citoyens plus aisés qui rivalisèrent parfois avec les patriciens. Au fil du temps, les luttes entre patriciens et plébéiens, appelées Conflits du droit, conduisirent à des réformes qui élargirent progressivement les droits politiques des plébéiens, notamment avec l'accès aux magistratures et la création des tribuns de la plèbe, chargés de défendre leurs intérêts.

En dessous de ces deux grandes catégories se trouvaient les

affranchis, d'anciens esclaves ayant obtenu leur liberté. Bien qu'ils jouissent de certains droits civiques, ils restaient socialement inférieurs aux citoyens de naissance libre. Ils jouaient néanmoins un rôle économique important, notamment dans le commerce et l'artisanat, et certains parvinrent à accumuler de grandes fortunes.

Enfin, les esclaves occupaient la position la plus basse dans la hiérarchie sociale. Capturés lors des guerres ou nés dans la servitude, ils étaient considérés comme des biens et n'avaient aucun droit. Les esclaves travaillaient dans tous les secteurs de la société romaine, des tâches domestiques aux travaux agricoles et aux grandes entreprises publiques, comme la construction d'aqueducs ou de routes. Certains esclaves instruits, notamment les Grecs, devenaient précepteurs ou secrétaires, bénéficiant ainsi de meilleures conditions.

Le rôle central de la famille (domus) et l'organisation patriarcale

Au cœur de la société romaine se trouvait la famille, ou domus, qui n'était pas seulement une unité biologique, mais aussi une structure économique, sociale et religieuse. Le chef de famille, ou pater familias, exerçait une autorité absolue sur tous les membres de la maison, y compris sa femme, ses enfants, ses esclaves et parfois ses affranchis. Cette autorité, appelée patria potestas, lui permettait de prendre toutes les décisions concernant le patrimoine familial, les mariages, et même, dans les premiers temps, la vie ou la mort des membres de la famille.

Les femmes romaines, bien que soumises à l'autorité du pater familias, jouaient un rôle essentiel dans la gestion domestique et l'éducation des enfants. Avec le temps, les femmes de la classe aristocratique acquirent davantage de liberté, certaines exerçant une influence considérable dans la sphère politique et culturelle, comme les célèbres Cornélie (mère des Gracques) ou Livia (épouse d'Auguste).

La famille était également le lieu principal de transmission des valeurs romaines, telles que la piété (pietas), le respect de l'autorité et la loyauté envers Rome. Les cultes domestiques, centrés sur les Lares et les Pénates (les divinités protectrices du foyer), renforçaient le rôle sacré de la domus dans la société.

<u>La clientèle : un système de relations sociales et économiques</u>

Le système de clientèle constituait un autre pilier fondamental de la société romaine. Il s'agissait d'une relation de dépendance mutuelle entre un patron (généralement un membre de l'élite) et ses clients (souvent des citoyens moins fortunés ou des plébéiens). Le patron offrait à ses clients une protection juridique, une assistance financière et parfois un soutien politique, tandis que les clients lui rendaient hommage, le soutenaient lors des élections et amplifiaient son prestige social.

Cette relation de clientèle, bien que inégalitaire, créait des liens forts entre les différentes classes sociales et contribuait à stabiliser la société romaine. Elle jouait également un rôle dans la vie politique, où les patrons utilisaient leur réseau de clients pour accroître leur influence lors des votes ou pour former des alliances stratégiques.

<u>Les inégalités sociales et leur gestion</u>

La société romaine était profondément inégalitaire, mais ces inégalités étaient régulées par des institutions et des mécanismes sociaux. Les luttes entre patriciens et plébéiens, par exemple, donnèrent lieu à des réformes politiques qui permirent une certaine mobilité sociale. Les plébéiens les plus riches purent accéder à des postes de pouvoir, formant une nouvelle élite appelée la noblesse.

Les esclaves, bien qu'au bas de la hiérarchie, pouvaient espérer une amélioration de leur condition grâce à l'affranchissement, un processus relativement courant dans la société romaine. Une fois affranchis, ils devenaient des citoyens partiels et pouvaient parfois accumuler des richesses considérables.

Les spectacles publics, les distributions de blé gratuites (les annonae) et les jeux du cirque constituaient également des moyens pour les élites de maintenir l'ordre social en apaisant les tensions parmi les classes populaires.

Conclusion

La société romaine, avec sa stratification rigide et ses relations complexes, reflète l'importance de l'organisation sociale dans le fonctionnement de l'Empire. Chaque classe, de l'aristocratie patricienne aux esclaves, jouait un rôle spécifique dans l'équilibre de la cité. Les liens familiaux, l'autorité patriarcale et le système de clientèle furent des éléments cruciaux qui assurèrent la cohésion et la stabilité de cette société inégalitaire. Bien que marquée par des tensions internes, la capacité de Rome à intégrer différentes classes et à offrir des opportunités limitées de mobilité sociale contribua à sa longévité et à son rayonnement.

RELIGION ET MYTHOLOGIE

La religion romaine occupait une place centrale dans la vie publique et privée. Son polythéisme, enrichi par des influences étrangères, structurait les pratiques rituelles, les croyances et les institutions. Les dieux romains, les rites et les cultes étaient intimement liés à l'organisation politique et sociale, reflétant les valeurs fondamentales de la cité. Au fil du temps, l'émergence du culte impérial et la diffusion progressive du christianisme transformèrent profondément la culture religieuse romaine.

<u>Les origines et les influences du polythéisme romain</u>

Le polythéisme romain s'est constitué à partir d'un mélange de traditions locales et d'influences étrangères. À l'époque monarchique, les Étrusques jouèrent un rôle déterminant dans le développement des pratiques religieuses romaines, notamment en matière de divination et de rites funéraires. Par la suite, avec l'expansion de Rome, les croyances grecques laissèrent une empreinte profonde sur la mythologie romaine.

De nombreux dieux romains furent assimilés aux divinités grecques, adoptant leurs attributs et leurs récits mythologiques. Par exemple, Jupiter fut identifié à Zeus, Junon à Héra, et Minerve à Athéna. Cependant, les Romains maintinrent un caractère propre à leur religion, insistant davantage sur les rites et les pratiques que sur les spéculations théologiques ou mythologiques. Les dieux romains étaient perçus comme des protecteurs de la cité et des garants de l'ordre cosmique, et les relations avec eux s'exprimaient à travers des rituels précis et des sacrifices.

Outre les influences étrusques et grecques, l'expansion de Rome introduisit des cultes orientaux, comme celui d'Isis (Égypte), de Cybèle (Asie Mineure) ou de Mithra (Perse). Ces cultes, souvent associés à des mystères et des promesses de salut personnel, attirèrent de nombreux adeptes, en particulier dans les classes populaires et l'armée.

Les pratiques religieuses et leur rôle dans la société

La religion romaine était avant tout une religion rituelle, axée sur l'exécution précise de cérémonies pour maintenir la pax deorum, c'est-à-dire la paix avec les dieux. Les rites étaient accomplis à la fois dans la sphère publique et dans la sphère privée, impliquant tous les aspects de la vie quotidienne.

Dans la vie publique, les fêtes religieuses, les sacrifices et les processions étaient des moments essentiels qui renforçaient la cohésion de la communauté. Les grands sanctuaires, comme le temple de Jupiter Capitolin, symbolisaient l'unité et la puissance de Rome. Les magistrats jouaient un rôle clé dans l'organisation de ces rites, illustrant l'interconnexion entre religion et politique.

Dans la sphère privée, chaque famille vénérait ses propres divinités domestiques, comme les Lares (esprits protecteurs du foyer) et les Pénates (dieux du garde-manger). Le culte des ancêtres, qui honorait les membres défunts de la famille, renforçait les liens intergénérationnels et soulignait l'importance de la piété filiale.

Les prêtres, organisés en collèges spécialisés (comme les pontifes, les augures ou les flamines), étaient chargés de superviser les pratiques religieuses. Le grand pontife (pontifex maximus), élu parmi les élites, occupait une position de premier plan, assurant la coordination des cultes et des calendriers religieux.

<u>Le culte impérial : une nouvelle forme de religion</u>

Avec l'instauration de l'Empire, la religion romaine s'adapta aux nouvelles réalités politiques. Le culte impérial, qui consistait à vénérer l'empereur comme un être divin ou semi-divin, devint un élément central de la vie religieuse. Ce culte, introduit sous Auguste, renforçait l'autorité de l'empereur et l'unité de l'Empire.

Les temples dédiés aux empereurs divinisés, comme celui d'Auguste, furent construits dans tout l'Empire. Ces lieux de culte servaient non seulement à honorer les souverains, mais aussi à symboliser l'allégeance des provinces à Rome. Le culte impérial joua un rôle essentiel dans la romanisation, en intégrant les populations locales au système religieux et politique romain.

<u>La diffusion du christianisme et la transformation de la religion romaine</u>

À partir du Ier siècle ap. J.-C., le christianisme apparut comme un nouveau courant religieux, distinct du polythéisme romain. D'abord persécuté en raison de son refus de participer aux cultes publics, le christianisme gagna progressivement en influence, en particulier parmi les classes populaires et les esclaves, grâce à son message d'égalité et de salut universel.

La conversion de Constantin au début du IVe siècle ap. J.-C. marqua un tournant décisif. Avec l'édit de Milan en 313, le christianisme obtint la liberté de culte, et en 380, l'édit de Thessalonique en fit la religion officielle de l'Empire. Cette évolution transforma profondément la culture religieuse de Rome, entraînant l'abandon des anciens cultes et la fermeture progressive des temples païens.

Le christianisme imposa une nouvelle vision du monde,

centrée sur un dieu unique et une communauté de croyants. Bien que le christianisme ait remplacé le polythéisme, il conserva certaines pratiques et structures romaines, comme l'organisation hiérarchique de l'Église, inspirée des institutions impériales.

Conclusion

La religion romaine, avec son polythéisme riche et ses pratiques rituelles, fut un élément central de la société romaine, structurant la vie publique et privée. En intégrant des influences étrusques, grecques et orientales, elle reflétait la diversité culturelle de l'Empire et son ouverture au changement. L'émergence du culte impérial et la diffusion du christianisme marquèrent des tournants majeurs, transformant non seulement les pratiques religieuses, mais aussi les mentalités et l'organisation de l'Empire. Cette évolution témoigne de la capacité de Rome à adapter ses croyances aux transformations politiques et sociales, tout en laissant un héritage spirituel durable.

ARCHITECTURE, INGÉNIERIE ET URBANISME

La civilisation romaine est renommée pour ses réalisations architecturales et techniques, qui ont durablement marqué le monde antique et influencé les générations futures. Les Romains ont maîtrisé et innové dans de nombreux domaines, construisant des édifices monumentaux, des infrastructures complexes et des villes organisées selon des principes avancés d'urbanisme. Ces réalisations, reflet de leur puissance et de leur pragmatisme, étaient au service de la société, combinant esthétique, fonctionnalité et durabilité.

<u>Les innovations techniques romaines : une ingénierie pragmatique</u>

L'un des aspects les plus remarquables de l'architecture romaine est son innovation technique. Les Romains ont perfectionné l'utilisation de matériaux comme le béton (opus caementicium), qui leur a permis de concevoir des structures plus solides et plus flexibles que celles des civilisations précédentes. Ce matériau, facile à produire et durable, était essentiel pour la construction de grandes voûtes, d'arcs et de dômes, qui caractérisent l'architecture romaine.

Les routes romaines, construites à travers l'Empire, sont un exemple emblématique de leur génie technique. Ces voies, pavées et dotées de fondations solides, facilitaient le déplacement rapide des armées, le commerce et l'administration. Elles constituaient un réseau impressionnant reliant les principales villes de l'Empire, avec des itinéraires célèbres comme la Via Appia, souvent appelée la « Reine des Routes ».

Les aqueducs sont un autre chef-d'œuvre de l'ingénierie romaine. Conçus pour approvisionner les villes en eau, ils permettaient de transporter cette ressource vitale sur de longues distances grâce à un savant usage de la gravité et de pentes douces. Parmi les plus célèbres, on trouve l'aqueduc de Pont du Gard en Gaule et celui de l'Aqua Claudia à Rome. Ces ouvrages témoignent de l'attention portée par les Romains à l'hygiène publique et au bien-être des citoyens.

Les ponts romains, souvent construits en pierre, étaient remarquablement robustes et utilisaient des arches pour répartir les charges de manière efficace. Beaucoup de ces ponts, comme le Pont Milvius à Rome, sont encore debout aujourd'hui, témoignant de leur ingéniosité.

L'architecture monumentale : symboles de la puissance romaine

L'architecture romaine se distingue également par ses édifices monumentaux, conçus pour impressionner et pour servir des fonctions sociales, politiques et culturelles.

Les amphithéâtres, tels que le Colisée à Rome, symbolisent le génie architectural et l'importance des spectacles publics dans la vie romaine. Ces structures, capables d'accueillir des dizaines de milliers de spectateurs, étaient utilisées pour des combats de gladiateurs, des chasses d'animaux exotiques et d'autres divertissements. Leur conception, avec des gradins en ellipse et un système avancé de circulation des spectateurs, reste un modèle d'ingénierie.

Les thermes, comme les Thermes de Caracalla ou ceux de Dioclétien, étaient des complexes vastes et luxueux, offrant aux citoyens des espaces pour se détendre, se laver et socialiser. Ces bains publics illustraient le rôle de l'État romain dans l'amélioration de la qualité de vie de ses citoyens. Ils incluaient souvent des bibliothèques, des gymnases et des jardins, témoignant de leur multifonctionnalité.

Les forums, centres de la vie politique, économique et sociale, étaient des espaces publics ornés de colonnes, de statues et de temples. Le Forum Romanum à Rome était le plus célèbre, abritant des temples, des basiliques et des bâtiments administratifs qui reflétaient la grandeur de la République et de l'Empire.

Les temples, comme le Panthéon, étaient des réalisations architecturales d'une grande beauté et d'une complexité technique remarquable. Le Panthéon, avec son dôme gigantesque et son oculus central, demeure un symbole de l'excellence romaine en matière d'architecture sacrée.

<u>L'urbanisme romain : des villes organisées et fonctionnelles</u>

L'urbanisme romain illustre l'importance accordée à l'organisation et à la planification. Les villes romaines étaient souvent conçues selon un plan en damier, avec des rues perpendiculaires (cardo et decumanus), inspiré des colonies militaires.

Chaque ville disposait d'infrastructures essentielles : un forum central pour les activités sociales et politiques, des thermes pour le bien-être, des aqueducs et des égouts pour l'hygiène, ainsi que des amphithéâtres et des théâtres pour les loisirs. Les villes romaines, comme Ostie, Pompéi ou Antioche, témoignent encore aujourd'hui de cette organisation sophistiquée.

Les égouts, comme le Cloaca Maxima à Rome, sont un exemple de l'importance accordée à la gestion des eaux usées. Ces réseaux souterrains amélioraient l'hygiène et la salubrité des espaces urbains, contribuant à la qualité de vie des habitants.

Les insulae, immeubles de logements urbains, étaient construits pour loger la population croissante des villes. Bien que souvent rudimentaires pour les classes populaires, ils témoignent de la capacité de Rome à gérer les défis posés par la densité urbaine.

<u>L'héritage de l'architecture et de l'ingénierie romaines</u>

Les réalisations architecturales et techniques des Romains ont laissé un héritage durable. De nombreux édifices, routes et aqueducs sont encore utilisés ou visibles aujourd'hui, témoignant de leur durabilité et de leur qualité. Leur influence s'étend également à l'architecture médiévale et moderne, où les arcs, les voûtes et les dômes inspirés des Romains continuent d'être utilisés.

Les principes d'urbanisme romains, comme la planification en damier, ont également inspiré la conception de nombreuses villes à travers le monde, notamment dans les colonies romaines et, plus tard, dans les villes européennes.

<u>Conclusion</u>

L'architecture, l'ingénierie et l'urbanisme romains reflètent la puissance, la créativité et le pragmatisme de cette civilisation. En combinant innovation technique et souci du bien commun, les Romains ont transformé le paysage de leur empire tout en posant les bases de nombreuses réalisations futures. Leur capacité à concevoir des infrastructures durables et fonctionnelles, tout en construisant des édifices monumentaux symbolisant leur grandeur, demeure l'un des traits les plus marquants de leur héritage culturel.

DROIT ROMAIN
ET ADMINISTRATION

Le droit et l'administration romains sont parmi les contributions les plus durables de la civilisation romaine à l'histoire mondiale. Le système juridique romain, depuis ses origines sous la République jusqu'à son aboutissement sous l'Empire, a établi des principes fondamentaux de justice et de gouvernance qui ont influencé de nombreux systèmes législatifs modernes. Parallèlement, l'administration romaine, avec sa bureaucratie efficace et ses structures centralisées, a permis la gestion d'un empire vaste et diversifié pendant plusieurs siècles.

Le droit romain : un fondement de la civilisation occidentale

Le droit romain a évolué au fil des siècles, reflétant les besoins croissants d'une société complexe et en expansion. Ses origines remontent à la Loi des Douze Tables, promulguée en 451-450 av. J.-C., qui constituait le premier code écrit de Rome. Cette codification marqua une étape importante dans la protection des droits des citoyens en rendant la loi accessible à tous et en limitant les abus des magistrats. La Loi des Douze Tables traitait de nombreux aspects de la vie quotidienne, tels que les contrats, la propriété, la famille et les délits, établissant ainsi les bases du droit civil.

Au fil du temps, le droit romain s'enrichit grâce à l'intervention des préteurs, des magistrats chargés d'interpréter et d'appliquer la loi. Leurs édits, qui tenaient compte des réalités changeantes, permirent de développer un droit plus flexible et adapté aux nouveaux besoins de la société romaine. Le droit romain devint ainsi un système vivant, capable d'évoluer en fonction des circonstances.

Sous l'Empire, le droit connut une centralisation accrue. Les empereurs jouaient un rôle essentiel dans la législation, émettant des édits et des décrets ayant force de loi. Ce proces-

sus culmina avec le Corpus Juris Civilis, compilé au VIᵉ siècle
ap. J.-C. sous l'empereur byzantin Justinien. Ce recueil monumental rassemblait les principales règles de droit romain,
en les clarifiant et en les adaptant aux besoins de l'époque. Il
devint une référence incontournable pour le droit médiéval et
moderne, particulièrement en Europe.

Le droit romain se distinguait par des principes fondamentaux qui ont traversé les siècles. Parmi eux figurent l'équité, la protection des faibles, la présomption d'innocence, et
le principe selon lequel nul ne peut être jugé sans avoir été
entendu. Ces idées, profondément enracinées dans la philosophie juridique romaine, ont façonné la justice occidentale.

L'administration romaine : un modèle d'efficacité

Pour gérer un empire s'étendant sur trois continents, les
Romains mirent en place une administration remarquablement organisée et centralisée. Cette bureaucratie reposait
sur des institutions solides et des pratiques standardisées qui
assuraient le contrôle des provinces et le maintien de l'ordre.

Les gouverneurs de provinces, nommés par le Sénat ou par
l'empereur selon la nature des provinces (sénatoriales ou impériales), étaient responsables de l'administration locale. Ils
supervisaient la perception des impôts, la justice et la sécurité, tout en veillant à la loyauté des élites locales. Les gouverneurs, souvent assistés par des légions stationnées dans les
provinces, jouaient un rôle clé dans le maintien de l'autorité
romaine.

Le système fiscal romain, bien que lourd pour les contribuables, était essentiel à la stabilité de l'Empire. Les impôts,
prélevés en nature ou en argent, finançaient les armées, les
infrastructures publiques et les grands projets impériaux. La
collecte des impôts était souvent déléguée à des publicains,

des collecteurs privés, dont les abus furent parfois à l'origine de révoltes.

Les cités romaines servaient de relais locaux de l'administration impériale. Elles jouissaient d'une certaine autonomie, avec des magistrats locaux et des assemblées municipales, mais restaient étroitement surveillées par l'administration centrale. Cette organisation encourageait l'intégration des élites locales dans le système romain, contribuant ainsi à la stabilité de l'Empire.

Les Romains innovèrent également dans la gestion des populations et des territoires. Les recensements réguliers, organisés par des fonctionnaires appelés censeurs, permettaient de recueillir des informations précises sur les citoyens, les biens et les ressources disponibles. Ces données étaient essentielles pour l'administration fiscale, militaire et économique.

La relation entre droit et administration

Le droit et l'administration étaient étroitement liés dans la Rome antique. Le droit romain servait de cadre pour l'exercice de l'autorité, garantissant l'équité et la cohérence dans la gestion de l'Empire. Par exemple, les lois romaines régulaient les relations entre les citoyens et l'État, protégeaient la propriété privée et encadraient les échanges économiques, favorisant ainsi la prospérité et la stabilité.

En outre, l'administration romaine joua un rôle crucial dans la diffusion du droit romain à travers l'Empire. Les élites locales, souvent intégrées au système romain, adoptaient les règles et les principes juridiques romains, contribuant à l'unification culturelle et politique des provinces. Cette uniformité légale renforça l'identité romaine et facilita la gestion d'un empire multiculturel.

<u>L'héritage du droit et de l'administration romains</u>

L'impact du droit romain sur la civilisation occidentale est immense. Après la chute de l'Empire romain d'Occident, les principes juridiques romains furent préservés par l'Église et les royaumes médiévaux, avant de connaître une renaissance au Moyen Âge grâce aux universités européennes. Le Corpus Juris Civilis de Justinien devint une référence majeure pour le développement du droit civil dans de nombreux pays.

En parallèle, le modèle administratif romain inspira les structures de gouvernance des États modernes. L'idée d'une bureaucratie centralisée, soutenue par des institutions locales, se retrouve dans de nombreux systèmes politiques contemporains.

<u>Conclusion</u>

Le droit romain et l'administration impériale furent les piliers de la puissance et de la longévité de Rome. Le premier, par ses principes universels et sa capacité d'adaptation, offrait un cadre juridique solide à une société complexe et multiforme. La seconde, par son organisation et son efficacité, permit de gérer un empire immense avec des institutions relativement unifiées. Ensemble, ils constituèrent un héritage durable, qui continue de façonner la pensée juridique et administrative à travers le monde.

CULTURE, ARTS ET LITTÉRATURE

La culture romaine, riche et diversifiée, s'est développée en intégrant des influences étrangères, notamment grecques et étrusques, tout en affirmant une identité propre. Les arts, la littérature et la langue latine ont joué un rôle central dans la diffusion et l'unification de la culture romaine à travers l'Empire, contribuant à créer une identité commune parmi des populations hétérogènes. Cette richesse culturelle, fondée sur un subtil équilibre entre tradition et innovation, continue d'exercer une influence durable sur la civilisation occidentale.

<u>Les arts romains : entre tradition et influences étrangères</u>

L'art romain est le fruit d'un mélange entre des traditions locales et des influences étrangères, en particulier grecques. Les Romains, tout en admirant profondément l'art grec, adaptèrent ses formes et ses techniques à leurs propres besoins et valeurs, créant un style distinctif.

La sculpture romaine illustre bien cette fusion. Si les premiers exemples sont influencés par les Étrusques, la sculpture romaine évolua rapidement sous l'influence des Grecs, en particulier après la conquête de la Grèce au IIe siècle av. J.-C. Les Romains adoptèrent les idéaux esthétiques grecs, mais leur art se caractérise par un réalisme frappant. Les portraits, en particulier, visent une représentation fidèle des traits physiques et du caractère des individus, souvent dans un but politique ou commémoratif. Les bustes d'empereurs et de personnages illustres étaient utilisés pour glorifier leur pouvoir et leur héritage.

La peinture romaine, principalement connue grâce aux fresques retrouvées dans des sites comme Pompéi et Herculanum, est un autre témoignage de leur maîtrise artistique. Ces fresques ornaient les murs des villas romaines, représentant des scènes mythologiques, des paysages, des natures mortes ou des portraits. Elles témoignent d'une sensibilité esthétique et d'une recherche de perspectives qui influencèrent les artistes de la Renaissance.

Les mosaïques, omniprésentes dans les espaces publics et privés, étaient une autre forme d'expression artistique majeure. Elles décoraient les sols et les murs avec des motifs géométriques, des scènes mythologiques ou des représentations de la vie quotidienne, illustrant la richesse et le raffinement des élites romaines.

<u>La littérature romaine : une voix universelle</u>

La littérature latine est l'un des plus grands legs de la culture romaine. Elle se développa pleinement à partir du IIIe siècle av. J.-C., sous l'influence de la littérature grecque, mais acquit rapidement une identité propre en explorant des thèmes liés à l'histoire, à la politique, et à la morale romaines.

Les grandes œuvres littéraires de l'ère républicaine et impériale reflètent la grandeur et les préoccupations de la société romaine. Virgile, dans son épopée l'Énéide, offrit une vision mythologique des origines de Rome, tout en célébrant les vertus de l'Empire. Son œuvre devint un texte fondateur, utilisé pour glorifier Auguste et le nouvel ordre impérial.

Cicéron, maître de l'éloquence et de la prose, utilisa ses talents d'écrivain et d'orateur pour défendre les valeurs de la République. Ses discours, ses lettres et ses traités philosophiques sont autant de témoignages de la vie politique et intellectuelle de son époque.

Horace et Ovide illustrent une autre facette de la littérature romaine, plus personnelle et poétique. Les Odes d'Horace célèbrent l'équilibre entre la vie publique et la vie privée, tandis que les Métamorphoses d'Ovide, un chef-d'œuvre de la poésie épique, revisitent les mythes gréco-romains avec une sensibilité nouvelle.

Ces auteurs, et bien d'autres, contribuèrent à forger une littérature universelle, diffusée dans tout l'Empire grâce à l'utilisation de la langue latine. Leurs œuvres, recopiées et étudiées pendant des siècles, devinrent des piliers de l'éducation en Occident.

La langue latine : un vecteur d'unification culturelle

La langue latine, pilier de la culture romaine, joua un rôle crucial dans l'unification de l'Empire. D'abord langue des élites et de l'administration, le latin devint un outil de communication commun à travers les provinces. Les inscriptions, les édits, les lois et les œuvres littéraires étaient rédigés en latin, facilitant l'intégration des peuples conquis.

Avec le temps, le latin vulgaire, utilisé dans la vie quotidienne, se diversifia dans les différentes régions de l'Empire, donnant naissance aux langues romanes (français, italien, espagnol, portugais, roumain). Cette évolution témoigne de l'impact durable de la culture romaine sur les langues modernes.

Parallèlement, le latin classique demeura la langue de la science, de la philosophie et de la religion en Europe pendant tout le Moyen Âge et au-delà. L'Église catholique en fit sa langue liturgique, assurant ainsi sa pérennité comme langue savante.

Les arts et la culture comme outils de propagande

La culture et les arts romains ne se limitaient pas à un simple divertissement ou à une expression esthétique : ils étaient également des outils de propagande politique et sociale. Les monuments, les sculptures et les fresques servaient à glorifier les empereurs, à célébrer les victoires militaires et à renforcer l'unité de l'Empire.

Par exemple, les arcs de triomphe, comme celui de Titus, ou les colonnes, comme la colonne Trajane, racontaient les exploits militaires et symbolisaient la supériorité de Rome. De même, les poètes et écrivains étaient souvent soutenus par le pouvoir, comme Virgile, qui écrivait sous le patronage d'Auguste.

L'héritage culturel romain

L'héritage culturel romain est immense. Les principes esthétiques, les thèmes littéraires et les innovations artistiques de Rome continuent d'inspirer les créateurs modernes. La redécouverte des œuvres romaines pendant la Renaissance joua un rôle crucial dans l'émergence de ce mouvement artistique et intellectuel, en renouvelant l'intérêt pour l'Antiquité classique.

De plus, la langue latine et la littérature romaine, étudiées pendant des siècles dans les écoles et les universités, ont façonné la pensée et la culture occidentales. Les œuvres des auteurs latins restent des références incontournables, et leur influence est perceptible dans de nombreux domaines, de la littérature à la philosophie en passant par l'histoire et les sciences.

Conclusion

La culture, les arts et la littérature de Rome antique reflètent la grandeur de cette civilisation et sa capacité à intégrer des influences étrangères tout en développant une identité propre. Les réalisations artistiques, les chefs-d'œuvre littéraires et l'universalité du latin ont façonné une culture commune à l'échelle de l'Empire, contribuant à son unité et à sa pérennité. L'héritage de cette culture continue d'enrichir la civilisation occidentale, témoignant de la puissance et de l'intemporalité de la pensée romaine.